THÈSE

POUR

LA LICENCE

EN EXÉCUTION DE L'ART. 4, TITRE II, DE LA LOI DU 22 VENTÔSE AN XII,

TOULOUSE

TYPOGRAPHIE DE BONNAL ET GIBRAC

RUE SAINT-ROME, 46.

—

1855.

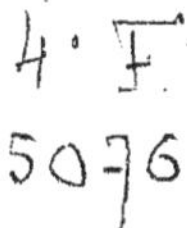

ACTE PUBLIC

POUR

LA LICENCE

EN EXÉCUTION DE L'ARTICLE 4, TITRE 2, DE LA LOI DU 22 VENTÔSE, AN XII.

SOUTENU PAR

M. JEAN D'AUREL (Adolphe),

Né à APT (Vaucluse).

JUS ROMANUM.

De exceptionibus seu præscriptionibus.

(Dig. L. XLIV, Tit. 1, Instit. Just. lib. 13.)

Apud veteres, judex juris civilis formulâ tenebatur. Nec poterat in negotio adjuncta quædam inspicere, quorum appreciatio alterutri litigantium prodesse potuisset. Nullam æqui obligationem pro causa et in consideratione tenere debebat, nisi in formulâ a magistratu posita fuisset. Absolvere aut condemnare secundum jus civile officium judicis erat.

Sed paulatim procedens systema formularum, rerumque varietas, et perpetuis conatibus a prætore factis ad mitigandas juris civilis rigores, adjungere in formulâ capita quædam ad avertendum vel dirimendum argumenta in postulatione facta necessitatem imposuerunt.

Hæc adjuncta capita exceptiones et præscriptiones dicta sunt.

De exceptionibus.

Exceptiones, sicut supra diximus, ex formularum ratione suam ducunt originem, et judicialium munerum inter magistratum jus dicentem et judicem judicantem.

Si facta ab actore magistratui exposita nequeunt constituere obligationem civilem, magistratus actionem negat, et exceptionibus locus non est. Sed contra si legalis obligatio, vel civile vinculum extant, si magistratus formulam partibus accommodatam faciat, tunc exceptio ineluctabilis fieri potest.

Reipsa, intentio, etsi jure civili orta, potest in facto non æqua haberi. Obligatio pro qua magistratus actionem tribuit, ex legibus extare potest; attamen pro causâ a jure civili detrectata extincta fuisse : pro exemplo, a pacto, a conventu obligationi posteriore. Tum judex tantum videre debet an intentio jure civili nitatur, nec non, damnatio subsequens iniqua et injusta erit.

Ad avertendum tantum malum, prætor reo permisit tentare apud magistratum ut formulæ adjuncta sit clausula coarctans adjectansque condemnationem quibusdam conditionibus. Si intentio actoris probaretur, et argumenta in exceptione a reo allata, approbata non essent, tunc judex condemnare debebat. Contra absolvere, cum intentione, etsi jure civili *nitente*, reus justificabat facta in exceptione allata. Igitur magistratus ex condemnatione excludebat reum ferentem argumenta approbata; inde ducta est exceptio.

Exceptio sic definita : est quædam exclusio, quæ interponi actioni cujusque rei solet, ad excludendum id quod in intentionem condemnationemve deductum est (Dig. 44, 1, 2, pr. f. Ulp.)

Neratius dixit : Exceptio est conditio quæ modo eximit reum a damnatione, modo minuit damnationem. Dicemus exceptionem esse circonstantiam præcipuam a reo allatam, quæ, cum probata sit, condemnationem avertit, vel imminuit.

Omnes exceptiones in contrarium concipiuntur, quia adfirmat is cum quo agitur (Gaii comment. 4, 119.)

A defensione differt, quia defensio in negatione factorum intentionis consistit, dum exceptio eadem facta existere permittens, hæc enuntiatione novorum adimit vel gravitatem minuit.

Necessitas inscribendi in formula quædam præcipua exceptionis facta, veniens ex quo judex sine illis non potuisset his vacare, fit ut in actionibus bonæ fidei, in queis judex, æquitatem, morum disciplinam justitiamque consulere debet et ex bono et æquo judicare; doli, vis, atque aliæ exceptiones supervacuæ sunt.

Aliquando fiebat ut facta a reo allata, essent hujus modi, ut actio negaretur, tunc exceptio in formula ponebatur.

Quoties enim reus factis nitetur a jure civili acceptis et ad constituendam civilem obligationem aptis, exceptio inutilis erit. Sed si reus ad postulatum actoris repellendum prætextat, facta jure civili non apta ad extinguendum obligationem, et tamen hæc facta actionem et condemnationem iniquam faciant; tum prætor exceptionem dabit, ad nimiam juris civilis severitatem corrigendum.

Judex tantum condemnabit, si facta in exceptione enuntiata non satis vera sint.

Reus probare debebat facta ab exceptione complexa. *Qui excipit, probare debet*, dixit Celsus; et Ulpianus vehementior : *Reus in exceptione actor est* (Dig. 44, 11). Probatio intentionis actori incumbebat (Constant., Diocl. et Maxim. C. 8, 36, 9).

De exceptionum origine.

Exceptiones suam originem ducunt ex prætoris jure, seu ex aliis partibus juris civilis quæ legis vicem obtinent : id est ex senatus consultis, et ex principis constitutionibus.

Sic, pro exemplo, per doli exceptionem, ex rescripto Marci Aurelii compensatio admissa fuit in actionibus stricti juris, etc., et veteres tantum dilationem actionis observabant, ut si quis interdum ageret, rem omittebat. Postea vero imperator Zeno non adeo strictam tulit legem, sed in duplum condemnari censuit qui plus tempore petierunt.

De forma actionum.

Exceptiones duobus modis conceptæ sunt, et propterea dividuntur in exceptiones generales et in exceptiones in factum compositas.

Exceptiones generales sunt, quæ generalibus verbis conceptæ sunt, et judici majorem in appreciatione latitudinem dant. Si, pro exemplo, reus pretendit post obligationem a se tractatam, ut nihil peteretur promisisse actorem, his verbis concepta esse potest exceptio; *si nihil dolo malo factum est neque fiat,* generalis erit. Judex non solum videre factum, sed etiam exquirere debet an allata facta extent; indicabitque illa, et facto et jure, ut sciat si vere dolum constituant.

Sed contra si in formulæ redactione unum factum probandum designatur vel præscribitur, et si facto semel probato judex absolvere debeat sine appreciationibus aliis; tunc exceptio est in factum composita. Sic si in exemplo : *Si nihil dolo malo factum est neque fiat,* si dixissemus :

Si non convenerit ne ea pecunia peteretur, tunc exceptio esset in factum composita. Ex hoc exemplo patet exceptiones doli aut vis in factum posse componi, vel reciprociter.

Reus ante prætorem scire debebat quæ exceptio in formula inscribenda præsertim ipsi sibi placebat (Dig. 44, 4, 2, § 4 et 5).

Quantum temporis valeant exceptiones.

Exceptiones sunt aut perpetuæ et peremptoriæ, aut temporales et dilatoriæ. Perpetuæ atque peremptoriæ exceptiones sunt, quæ semper locum habent, nec evitari possunt : Qualis est doli mali, et rei judicatæ, si quid contra leges senatusve consultum factum esse dicatur, item pacti conventi perpetui, id est ne omnino pecunia petatur. Temporales atque dilatoriæ sunt, quæ non semper locum habent, sed quæ evitari possunt. Qualis est pacti conventi temporalis, id est ne forte intra quinquennium ageretur. Procuratoriæ quoque exceptiones dilatoriæ sunt, quæ evitari possunt (Dig. 44, Gaius lib. 1, ad edict. prov.)

Ita si quæritur an agens sit effectus locupletior, inspicitur tempus litis contestatæ, ut ait æque Paulus

Exceptiones, dilatoriæ esse ex personâ possunt; quia objici designatæ personæ et non aliæ possunt. Ita sunt dilatoriæ non ex tempore, sed ex personâ. Pro exemplo : Exceptio contra procuratorem quod non est procurator, vel legitimè constitutus, vel quod non potest esse. Vel contra actorem : quod est excommunicatus vel bannitus. Vel contra judicem : quod non habet jurisdictionem. Ista exceptio dicitur declinatoria, quæ debet ante alias proponi.

Materiam generaliter exposuimus; longius esset in numerosiora exempla errare.

De præscriptionibus.

Quædam verba ante formulam scripta præscriptiones vocantur: et sic appellata sunt, ab eo quod ante formulas præscribuntur plus quam manifestum est (Gaii comment. 4, § 130 et 138).

Aliæ præscriptiones pro actore introductæ sunt, aliæ pro reo.

Tria pro reo præscriptionum genera distinguere opportet :

1° Præscriptio quæ præjudicium hæreditati non fiat. Si actor, sicut omnia pro hærede gerens peteret rem pecularem successionis, aut actionem divisionis intenderet, et cum reus vellet de ejus hæredis qualitate contendre, ut non perderet jus de illa quæstione judicanda, in formula hanc præscriptionem scribere debebat : *ea res agatur si*, etc. (Gaii comment. 4, § 133).

2° Reus poterat dicere magistratum ante quem ductus erat, non habere legitimam potestatem, sive ob situationem rei letigiosæ, sive ob litigantium domicilium. Tum inscribebat in formula præscriptionem quæ appellabatur *Fori præscriptio* (Dig. 28, qui satisd. cog. 7, p. f. Ulp.) Judex videre præsertim legitimæ quæstionem potestatis debebat.

3° Edicta prætorum, principum constitutiones, præscripserant quasdam moras post quas intendere quasdam actiones non permittebatur. Sic, pro exemplo, plerumque prætoris actionum per annum tantum apertæ erant, et ingenuitatis reclamatio à libertino facta post quinquennium admissa non erat (Dig. 40, 14, si ingenuus esse dicetur).

Cum actor intenderet hujus modi actionem, et cum reus diceret moram tributam in exitu fuisse, suâ referebat ut inscriberet in formula : *temporis annalis præscriptionem*.

Bonæ fidei possessor post decennium, et malæ fidei possessor post vigenti annos adversus dominum invocare poterant *longi temporis præscriptionem*.

In conclusione videmus præscriptiones et ab actore et à reo invocari posse, ante formulam præscribuntur, aut in demonstratione, sed semper ante intentionem (voir Gaïus, comment. 4, p. 130 à 138).

CODE NAPOLÉON.

Administration paternelle pendant le mariage. (387 et 390.) — Administration du tuteur. (450 à 468.)

§ Ier.

Administration paternelle.

La législation romaine, tout comme la nôtre, a reconnu la nécessité de placer la personne et les biens des enfants sous la dépendance de leurs auteurs. Seulement le progrès des lumières et la morale élevée du christianisme ont modifié l'étendue de cette autorité des chefs de famille. De nos jours, la puissance paternelle est donc encore le droit de gouverner la personne et la fortune de l'enfant mineur. L'art. 389 s'occupe du second de ces droits : « Le père est, pendant le mariage, » administrateur des biens personnels de ses enfants mineurs. »

Pour l'entente parfaite de cette phrase, faisons deux observations : d'abord elle ne s'applique pas indistinctement à tous les mineurs, mais seulement à ceux qui ne sont pas émancipés, car l'émancipation donne à l'enfant lui-même le droit de régir ses biens (481), et le soustrait au droit d'éducation (372). En second lieu, quoique la loi ne parle que du père, et aussi à l'encontre de l'opinion de certains jurisconsultes, il faut décider *de eo quod plerumque fit*, que l'administration passera à la mère d'après les art. 372 et 381, c'est seulement dans l'exercice de cet attribut de la puissance paternelle, que l'un des deux époux doit être préféré à l'autre (373). Ainsi, quand le père n'en jouira plus, la mère en sera pourvue, et elle pourra se prévaloir de cette extension donnée à l'art. 389 dans les quatre cas suivants :

1° Quand le père sera interdit, soit judiciairement, soit légalement;

2° Quand il sera déchu de sa puissance pour avoir favorisé la débauche de ses enfants ;

3° Quand il sera destitué ou exclu pour inconduite notoire, ou pour incapacité ou infidélité :

4° Quand il sera en présomption d'absence. Nous n'entendons pas parler du cas de mort, ou de l'absence déclarée faisant présumer la mort, car le mariage serait dissous, et l'administration légale ferait place à la tutelle.

Si le père et la mère étaient tous les deux dans une des circonstances exceptionnelles que nous venons de citer, l'enfant ne serait pas précisément en tutelle, le mariage n'étant pas dissous ; on nommerait un administrateur judiciaire ou tuteur provisoire, qui ne serait pourtant pas le vrai tuteur, dans le sens ordinaire du mot.

Si la mère, ou le père administrateur, avait des intérêts opposés à celui de l'enfant, dans le partage d'une succession ou dans une contestation quelconque, il ne pourrait plus le représenter (*nemo potest actor esse in rem suam*) : on le remplacerait alors momentanément par un tuteur *ad hoc*, jusqu'à conclusion de l'affaire.

Nous ajouterons que l'administration légale n'est pas, comme la tutèle, soumise à la surveillance d'un subrogé-tuteur ni d'un conseil de famille, et qu'elle n'emporte pas d'hypothèque légale. Le législateur s'est reposé sur la prudence et l'affection des père et mère, qui se consultant sur les intérêts de l'enfant commun, remplacent la protection que le mineur trouverait dans un conseil de famille, composé de parents éloignés ou d'étrangers.

L'administrateur légal pourra faire seul tous les actes que la loi permet au tuteur sans l'homologation du tribunal. Ainsi, il pourra accepter ou répudier une succession échue à son enfant, les donations qui lui seront faites, provoquer un partage en son nom, etc. Mais il ne saurait, sans l'aide de la justice, emprunter, aliéner, hypothéquer ou transiger au nom du mineur.

Au surplus, d'après la seconde partie de l'art. 389, il sera soumis à l'obligation de rendre compte à l'enfant, lors de sa majorité ou de son émancipation, et devra lui restituer ses biens, ainsi que la partie des revenus qui ne lui est pas attribuée par la loi. Si l'administrateur légal était d'une incapacité ou d'une inconduite notoire, comme il ne saurait y avoir de poursuite de subrogé-tuteur ou de conseil de famille, nous pensons que le tribunal civil devra être saisi d'office par le procureur impérial, sur les diligences de parents ou d'amis.

Une question discutable est celle de savoir si des biens peuvent être donnés ou légués à un enfant, à la condition que le père ou la mère n'en aura pas l'administration : MM. Duranton, Zachariæ et Demolombe enseignent l'affirmative ; mais la jurisprudence s'est toujours prononcée dans le sens contraire. Elle a regardé une pareille condition comme contraire à l'ordre public et aux bonnes mœurs, et devant, par conséquent, être considérée comme non écrite, aux termes de l'article 900 du Code Napoléon.

Comme compensation des peines que donnent aux père et mère légitimes l'éducation des enfants et l'administration de leurs biens, la loi attribue aux parents l'usufruit des biens de l'enfant soumis à leur puissance.

Ce droit d'usufruit, à la différence de l'administration légale, ne finit pas avec le mariage ; il continue au profit du survivant des époux (384).

Examinons, 1° auquel des deux parents, selon les cas, appartient cet usufruit; 2° sur quels biens il frappe ; 3° à quelles charges il est soumis; 4° par quelles causes il s'éteint.

1° *A qui appartient l'usufruit légal?* — Nous savons que la puissance appartient aux deux époux simultanément; l'exercice de ce droit est exclusif à l'un ou à l'autre, suivant les cas. Tant que les deux sont vivants et non indignes, la seule préférence du sexe attribue l'exercice au mari. L'incapacité ou l'indignité du mari la fait passer à la femme. Les mêmes principes sont applicables, quand il s'agit d'attribuer l'usufruit légal à l'un des époux, quand tous deux sont vivants.

Après la mort de l'un des parents, l'usufruit appartient à l'autre, quand même il ne serait pas tuteur, et quand même il serait privé de l'exercice de la puissance paternelle, par interdiction ou présomption d'absence ; la seule cause qui le lui ferait perdre comme indigne, serait sa condamnation pour excitation de ses enfants à la débauche.

2° *Sur quels biens s'exerce l'usufruit légal?* — L'usufruit des père et mère s'étend à tous les biens de l'enfant, sauf les quatre exceptions qui suivent :

1. Ceux que l'enfant a acquis lui-même par un travail ou une industrie séparés (387);

2. Ceux qui lui viennent d'une succession dont l'auteur usufruitier a été écarté comme indigne. L'indignité ne fait obstacle à l'usufruit que pour l'époux indigne et non pour l'autre époux ;

3. Ceux qui lui ont été donnés ou légués, sous condition exprimée à l'acte que les père et mère n'en jouiront pas (387);

4. Enfin, ceux qui font partie d'un majorat, d'après un avis du conseil d'état, du 30 janvier 1811.

3° *Charges imposées à l'usufruit légal.* — L'auteur usufruitier légal est soumis, en cette qualité, à trois sortes d'obligations (385).

1. Il subit toutes les charges qui sont imposées à l'usufruitier ordinaire et détaillées au titre III du liv. II ;

2. Il est tenu de donner à l'enfant une nourriture et une éducation proportionnées à sa fortune, à l'importance de l'usufruit, éducation qu'il ne faut pas confondre avec celle dont sont chargés les père et mère, et qui se borne à donner à l'enfant une profession, à le mettre en état de gagner sa vie. Enfin, tandis que l'obligation ordinaire, frappant sur les père et mère, n'empêcherait pas leurs créanciers de saisir et de s'approprier leur fortune, ceux-ci ne pourraient saisir l'usufruit de l'auteur que sous la déduction de ce qui est nécessaire à l'accomplissement des charges dont il est grevé ;

3. L'usufruitier légal est tenu d'acquitter, quant aux biens qui tombent dans sa jouissance, les arrérages et intérêts échus et non payés , au moment où ces biens arrivent à l'enfant ; et aussi les frais funéraires et de dernière maladie du testateur (385).

4° *Comment s'éteint l'usufruit légal ?* — L'usufruit peut s'éteindre par l'une des neuf causes suivantes :

1° La mort de l'usufruitier légal ; 2° sa renonciation à l'usufruit, sauf le droit des créanciers par application de l'art. 1167 ; 3° sa déchéance de l'usufruit, judiciairement prononcée pour abus de jouissance , aux termes de l'art. 618 ; 4° la déchéance du droit de puissance paternelle, résultant de la condamnation prononcée pour avoir excité ou favorisé la débauche des enfants (C. pénal, 335) ; 5° le défaut, de la part du survivant des époux communs en biens, d'avoir fait dresser , dans le délai légal, un inventaire des biens de la communauté (C. Nap., 1442 , 2° alinéa) ; 6° le second mariage de la mère (386) ; 7° la mort de l'enfant ; 8° l'accomplissement de sa 18ᵉ année ; 9° enfin , son émancipation, à laquelle ne pourraient s'opposer les créanciers de l'ascendant émancipateur.

La 1ʳᵉ partie de l'art. 386, le divorce, enlevait le droit de jouissance légale à celui des époux contre lequel il était prononcé. Mais le divorce a disparu de notre législation (8 mai 1816), et nombre d'auteurs reconnaissent que cette cause d'extinction ne doit pas être transportée au cas de séparation de corps.

Iʳᵉ PARTIE.

Administration du tutenr (450 à 468).

La tutelle est une charge créée par la loi pour représenter les personnes physiquement ou légalement incapables d'administrer leurs affaires. Nous n'avons pas à comprendre dans notre définition la curatelle ou le conseil. En thèse générale le tuteur représente, dans tous les actes de la vie civile, le mineur auquel il a été donné. Il ne faut pas néanmoins prendre à la lettre cette disposition de la loi ; nous en citerons deux exemples qui y dérogent : le mineur peut disposer d'une partie de ses biens par testament (904); il figure dans le contrat de mariage.

Mais avant de passer outre, il est bon d'établir que la tutelle peut être déférée de trois manières : 1° par la loi ; 2° par le dernier mourant des père et mère ; 3° ou par une délibération du conseil de famille ; en ceci nous suivons les principes du Droit romain : « *Tutela est vel legitima, vel testamentaria, vel dativa.* »

Dès l'instant où le tuteur connaît ou obtient la délation de sa charge, commencent ses obligations, sa responsabilité. Il doit des soins bien-veillants à la personne de son pupille ; il doit en administrer les biens en bon père de famille, c'est-à-dire en homme soigneux et prudent, qui dispose de toutes choses de façon à les faire prospérer. Il est responsable des dommages résultant du non accomplissement de ces obligations.

Au surplus, dans la prévision des abus, le législateur a désigné certains actes que le tuteur ne peut pas passer seul, et lui en a formellement interdit d'autres :

1° Ainsi, il ne peut acheter les biens du pupille, de peur qu'il n'abuse de la position de ce dernier, et n'achète à des conditions trop avantageuses ;

2° Il ne peut accepter la cession de droits ou créances contre le mineur, parce que ce sont de véritables spéculations.

La loi est moins rigoureuse dans le cas de bail à ferme, parce qu'il y a moins de danger que dans l'aliénation ; le conseil de famille peut autoriser cet acte, qui est alors passé par le subrogé-tuteur.

Entrée en fonction du tuteur.

Administrer un patrimoine, c'est le conserver autant que possible dans son intégrité, le régir de manière à en augmenter les revenus, employer sagement les deniers en vue de l'utilité du propriétaire. Le tuteur a donc l'administration proprement dite, il est responsable et par suite libre. Mais il est des cas de détail dans lesquels une nouvelle autorité vient, ou lui donner aide, ou empêcher sa malversation. Cette force étrangère est celle du conseil de famille ; elle limite ou dirige en certains cas l'action du tuteur.

Le conseil dispense de la vente de certains meubles. Il règle la somme à dépenser pour l'entretien de la personne et l'exploitation des biens du mineur. Il fixe celle au-delà de laquelle on devra faire emploi des revenus ; veille, au besoin, à ce que les maisons soient assurées et tenues en loyer.

Le tuteur, sous cette influence qui tour à tour l'aide ou l'aiguillonne, doit, dans les dix jours de sa nomination, requérir la levée des scellés, apposés sur les objets dépendants de la succession dévolue au mineur, et procéder à l'inventaire en présence du subrogé tuteur ; s'il n'accomplissait cette obligation, on pourrait établir contre lui l'état de la succession, soit par commune renommée, soit même, d'après Toullier, en déférant le serment au mineur.

A peine de déchéance, et sur réquisition de l'officier public, le tuteur déclarera s'il lui est dû quelque chose par le mineur ; et, dans le cas où il serait lui-même débiteur, il doit payer, *debet exigere a semetipso.*

« Dans le délai d'un mois, le tuteur, assisté du subrogé-tuteur, fera vendre aux enchères les meubles, autres, etc., etc., » sous peine de répondre de leur dépréciation ou des dommages qui résulteraient du retard. Nous citerons, comme exception à cette règle, l'autorisation que peut donner le conseil d'en conserver une partie, ou même la totalité, ou le cas dans lequel le défunt eût ordonné de les conserver en nature, sauf à attaquer la validité de cette disposition.

Les père et mère sont dispensés de cette vente, mais ils doivent faire faire une estimation à leurs frais, et à juste valeur, par un expert nommé par le subrogé-tuteur, et rendre, à la fin de l'usufruit, le prix estimé des meubles qu'ils ne pourraient représenter.

Viennent ensuite les instructions du conseil de famille, énumérées art. 454; ajoutons qu'il peut tracer le mode d'éducation du mineur, et prescrire des règles générales d'administration. Ceci n'aurait pas lieu vis-à-vis du père ou de la mère (Duranton, Toullier), si ce n'est dans le cas où cette dernière, conservant la tutelle, convolerait en secondes nôces. Il n'aurait pas non plus le droit de censure, si le testateur avait désigné un mode d'administration pour les biens légués au mineur.

Il est inutile de développer les art. 455 et 456, lesquels s'entendent à simple lecture. Rappelons cependant que, d'après la loi du 24 mars 1806, lorsque les mineurs et interdits n'ont sur l'état qu'une rente de 50 fr. et au-dessous, leurs tuteurs peuvent en faire le transfert sans autorisation spéciale, mais seulement d'après le cours constaté du jour. Cette disposition est applicable aux mineurs ou interdits, propriétaires d'une action de la banque de France, ou de portions d'actions n'excédant pas ensemble une action entière (décr. 25 sept. 1813).

Les actes d'aliénation de propriétés immobilières sont considérés comme d'une importance telle, que le tuteur, même le père ou la mère, ne peut les hypothéquer ou aliéner pour le mineur, sans y être autorisé par le conseil de famille. Encore faut-il, pour autoriser cette aliénation, qu'il y ait urgence, nécessité absolue, ou bien avantage évident. Telles seraient la menace d'expropriation, ou le dépérissement de l'immeuble, à cause de sa lointaine ou mauvaise situation. Le tuteur doit présenter un compte sommaire, et établir l'insuffisance des deniers, effets mobiliers et revenus du mineur. Le conseil de famille apprécie, et désigne les immeubles, et la manière dont l'aliénation aura lieu. Cette décision ne sera exécutée qu'après avoir demandé et obtenu l'homologation du tribunal de première instance, lequel statuera en chambre du conseil, après avoir entendu le procureur impérial.

Le titre VI du Code de procédure s'étend sur la publicité, la concurrence et les meilleures conditions des enchères. Quand le tribunal homologuera l'avis de la vente, il déclarera, par le même jugement, qu'elle aura lieu, soit devant un juge du tribunal, à l'audience des criées, soit devant un notaire à ce commis. Le même jugement qui ordonne la vente, détermine la mise à prix, soit d'après l'avis des parents, soit d'après les baux authentiques, ou le rôle de la contribution foncière. A défaut de ces données, ou d'après ces circonstances, le tribunal peut même faire procéder à une estimation et à un rapport d'experts. Nous nous arrêtons à ces quelques données qui montrent la sollicitude de la loi à veiller aux intérêts du mineur, parce qu'elles rentrent dans le domaine de la procédure.

Le tuteur ne peut accepter ni répudier une succession échue au mineur sans le consentement de la famille, et l'acceptation ne pourra jamais avoir lieu que sous bénéfice d'inventaire. Le mineur pourra toujours s'en prévaloir, quand même le tuteur n'aurait accepté que purement et simplement, en le faisant même condamner à des dommages-intérêts pour la faute qu'il a commise. Il semble au premier abord que l'autorisation du conseil de famille vient s'ajouter d'une façon inutile à l'acceptation forcée sous bénéfice d'inventaire, puisque cette dernière faveur détruit toujours l'obligation de payer les dettes *ultra vires*; mais il n'en est rien, car le bénéfice d'inventaire ne sauve pas des ennuis et de la responsabilité d'une liquidation de succession; et puis, parce que l'obligation du rapport subsiste pour l'héritier bénéficiaire, et qu'il faut étudier avec soin les conséquences de cette obligation, quand la part que l'on aura comme héritier renonçant, est plus forte que celle que l'on pourrait espérer en acceptant.

Quant aux legs universels et à titre universel, il faut les considérer comme de véritables successions, et les soumettre aux règles qui précèdent.

Une donation peut imposer des charges plus ou moins gênantes, des embarras sérieux. Il peut d'ailleurs exister des raisons morales de la refuser ; en conséquence la loi ne permet au tuteur de l'accepter qu'avec l'autorisation du conseil de famille. Mais il n'est pas le seul qui puisse l'accepter ; les ascendants du mineur le peuvent aussi (art. 935, 3e alinéa). Il suit de là que, quand le tuteur sera un ascendant, il pourra accepter, non pas comme tuteur, mais comme ascendant.

Actes qu'il ne peut faire sans autorisation de la justice.

Tout partage mobilier ou immobilier, dans lequel le mineur est partie soit comme demandeur, soit comme défendeur, doit avoir lieu en justice, suivant les formes déterminées par les art. 466, 822 à 839 du code Napoléon, et 966 à 984 du code de procédure civile, modifiés par la loi du 2 juin 1841. Tout autre partage ne serait considéré que comme provisionnel (466, dernier alinéa).

La règle qui veut que l'on demande l'autorisation de la justice, reçoit exception, quand c'est un copropriétaire qui amène la licitation des biens du mineur. Il est évident, en effet, que comme la licitation et la vente sont forcées, il serait puéril d'aller discuter leur opportunité, et encore, même dans ce cas-là, le législateur, pour protéger le mineur, veut que les étrangers soient appelés dans cette licitation, et que l'on observe les formalités prescrites par l'art. 469 (Code Napoléon, 460).

Pour l'échange d'un immeuble, il est considéré comme une aliénation ordinaire, à ranger sous les formes déjà examinées.

La transaction est un contrat dans lequel les parties, par des concessions réciproques, se débarrassent d'un procès né ou à naître ; la loi le considère comme un parti essentiellement dangereux pour les parties intéressées, et ne l'a permis, lorsque les mineurs sont en cause, qu'après l'accomplissement de nombreuses formalités. Il faudra pour sa validité :

1° Que le tuteur obtienne du procureur impérial de son domicile, la désignation de trois jurisconsultes, qui donneront leur avis motivé sur les conditions auxquelles on doit transiger; il est même prudent de faire rédiger par eux un projet de transaction.

2° Que le tuteur présente cet avis et ce projet à l'autorisation du conseil de famille qui en décide.

3° Enfin, que la transaction soit homologuée par le tribunal civil qui pourra modifier le projet, sur les conclusions du ministère public (art. 467).

Actes que le tuteur ne peut jamais faire.

1° Il ne pourra disposer à titre gratuit des biens du mineur, à moins qu'il ne s'agisse de présents d'usage ou de légers dons rémunératoires ;

2° Il ne pourra pas, quelles que soient les autorisations dont il serait pourvu, accepter purement et simplement une succession échue au mineur.

3° Il ne pourra pas compromettre sur les affaires du mineur. La loi, il est vrai, ne s'explique pas sur cette faculté, mais nous dirons que si, par une transaction, on empêche ou l'on termine un procès, par un compromis on ne fait que substituer aux juges naturels un tribunal nouveau, devant lequel le mineur ne trouve plus le ministère public pour le protéger; qu'on peut, en s'appuyant sur l'autorité de l'ancienne jurisprudence et sur celle de plusieurs arrêts modernes, interpréter le silence du Code Napoléon dans un sens exclusif de cette faculté ; que l'on peut enfin tirer, à l'appui de cette opinion du Code de procédure , l'argument suivant : Il n'est pas permis de compromettre sur les affaires qui doivent être communiquées au ministère public (art. 1004, Code de procédure), parce que le ministère public n'est point admis dans un jugement arbitral : or les affaires des mineurs doivent toujours lui être communiquées (art. 83, même code).

Nullité des actes faits sans accomplir les formalités prescrites.

Nous venons de voir que le législateur a veillé avec soin à déterminer les formalités nécessaires à la validité des divers actes de la gestion tutélaire. Aussi l'omission d'une de ces formalités entraîne-t-elle la nullité des actes. Mais comme les dispositions relatives à cette gestion ont exclusivement pour objet l'intérêt des mineurs , nullement celui des majeurs qui traitent avec eux , ces derniers ne peuvent se prévaloir de leur incapacité (1125). Cette règle s'applique aux actes faits par le tuteur en dehors des formes exigées, comme aux actes faits par les pupilles eux-mêmes.

L'effet de la nullité est de rendre comme non existants les actes qui en sont frappés. Toutefois, la condition des majeurs qui ont traité avec le mineur , est bien moins favorable que celle de ce dernier. Le majeur doit restituer, par suite de la nullité , tout ce qu'il a reçu. Il peut être condamné à des dommages et intérêts selon les circonstances, tandis que le mineur doit seulement restituer ce dont il a profité réellement, *in quantum locupletior factus est* (1312).

Un dernier mot qui résulte des règles posées plus haut au sujet de la transaction et du compromis ; c'est que le tuteur ne saurait déférer le serment décisoire dans le cours d'un procès intéressant son pupille.

IIe PARTIE.

Droits et devoirs du tuteur à l'issue de sa gestion (469 — 75).

Un tuteur, quel qu'il soit et dans quelque circonstance qu'il puisse être, est comptable de ses actes ; on ne saurait concevoir un administrateur des biens d'autrui qui n'aurait pas de comptes à rendre. Gérant et comptable sont deux idées qui ne vont pas l'une sans l'autre.

Le tuteur devrait rendre compte, alors même qu'il en aurait été dispensé par la personne qui a donné les biens à l'enfant ; la dispense serait nulle comme contraire à l'ordre public. Cependant celui qui dispose des biens pourrait laisser au tuteur le reliquat de son compte, c'est-à-dire la somme qu'il se trouvera devoir à l'enfant après le compte fait ; ce reliquat lui serait valablement attribué, pourvu qu'il ne dépassât pas la portion disponible. Mais ce n'est pas là une dispense de rendre compte, puisque précisément on ne reconnaîtra le reliquat que par l'examen et l'apuration du compte. Cet acte aura dû déjà être préparé pendant le cours de la tutelle, par des états de situation que le tuteur autre que le père ou la mère est obligé de fournir au subrogé tuteur, sur la demande du conseil de famille, et aux époques fixées par ce dernier (470).

Qui doit rendre compte ? Le tuteur, ou ses héritiers, s'il est décédé. Tout tuteur y est tenu, qu'il soit légal, testamentaire ou datif ; même celui qui a géré en fait la tutelle, quoiqu'il n'y eût pas droit.

A qui doit-il être rendu ? Aux héritiers du mineur, quand la tutelle a pris fin par son décès ; au mineur lui-même assisté de son curateur, quànd c'est l'émancipation qui l'a fait sortir de la tutelle ; à lui-même, et à lui seul lorsqu'il est parvenu à sa majorité ; enfin à son nouveau tuteur, et en présence du subrogé-tuteur, lorsque la tutelle a cessé par le fait même du premier.

Aux frais de qui le compte doit-il être rendu? Généralement c'est le tuteur qui doit en avancer les frais, car il détient actuellement les fonds, mais c'est le mineur qui doit les supporter en définitive. Exceptons de cette règle le cas où il aurait fallu avancer des frais pour contraindre le tuteur à rendre compte, et pour ceux auxquels donnerait lieu cette reddition, si le tuteur est destitué pour inconduite notoire ou gestion infidèle.

Comment se rend le compte de tutelle? Il peut être rendu judiciairement ou à l'amiable. Quand il est rendu à l'amiable, il n'est soumis à aucune formalité particulière; s'il donne lieu à des contestations, il faudra, pour les vider, suivre les règles indiquées par le Code de procédure (art. 527 à 542).

Que doit comprendre le compte tutélaire? Le tuteur est autorisé à y porter aux dépenses toutes les sommes qu'il peut justifier d'une manière suffisante avoir déboursées, soit pour les besoins, soit pour l'utilité du mineur (471). Mais il ne peut réclamer ni honoraires ni dédommagements pour ses soins et pour ses peines. L'obligation de rendre un compte, comprend implicitement celle d'en payer le reliquat et de restituer tous les objets appartenant au mineur. Le reliquat du compte tutélaire porte de plein droit intérêt en faveur du mineur, à compter du jour de la clôture du compte (art. 474). Au contraire, les intérêts des sommes dues au tuteur par le mineur comme reliquat du compte, ne courront que du jour de la sommation de payer, signifiée après la clôture du compte (474, 2e alinéa).

La responsabilité du tuteur et le paiement de son reliquat sont garantis par une hypothèque légale qui, de plein droit et même à défaut d'inscription, frappe tous les immeubles de ce tuteur, à partir du jour où commence sa gestion (Cod. Napol. 2121—2135). Il en est ainsi, même à l'égard du second mari de la femme tutrice légale, à qui le conseil de famille a conservé tutelle (596).

La loi ne pouvait pas astreindre l'ex-tuteur à conserver pendant 30 années le souvenir des diverses circonstances de son administration et aussi l'ensemble de ses pièces justificatives ; en conséquence, elle établit qu'après dix ans à partir de la majorité du pupille, il est à l'abri de toute action relative aux faits de la tutelle. Quant à l'action en paiement du reliquat, ou tout autre qui ne serait pas relative aux faits de la tutelle et ne forcerait pas le tuteur à recourir à ses pièces justificatives, elles ne se prescriraient que par 30 ans. C'est aussi par le même laps de temps que se prescriraient les actions du tuteur contre son ancien pupille (475).

CODE DE PROCÉDURE.

Iʳᵉ PARTIE.

De la tierce opposition (L. IV, 1).

Un retour sur le droit civil nous amènera tout naturellement à définir la tierce opposition et à démontrer son utilité.

Voyons jusqu'à quel point l'art. 1351 est compatible avec cette définition que donne à peu près le Code de procédure : la tierce opposition est cette voie par laquelle une partie peut se pourvoir contre un jugement qui préjudicie à ses droits, et lors duquel ni elle ni ceux qu'elle représente n'ont été appelés.

Nous lisons d'autre part (C. civ., 1351), qu'un jugement n'est revêtu de l'autorité de la chose jugée qu'autant que la chose est la même, que la demande est fondée sur la même cause, faite par les mêmes parties, par elles et contre elles, en la même qualité. Toutes les fois qu'un jugement ne réunira pas ces conditions, les tiers auxquels on l'opposera pourront se borner à le repousser, en disant : *Res inter alios judicata, aliis neque prodesse, neque nocere potest.* Comment donc se peut-il faire qu'un jugement préjudicie aux droits d'un tiers qui n'a pas été appelé dans la cause?

Cette question revient à celle-ci : la procédure de la tierce opposition peut-elle avoir jamais une application utile ? Les conditions exigées pour qu'on puisse attaquer un jugement par cette voie, sont précisément celles qui permettent d'en repousser l'autorité ; pourquoi donc l'attaquer ? Ce serait agir contrairement à ce principe : « L'intérêt est la mesure des actions. »

C'est en s'appuyant sur ces raisons que certains auteurs, logiciens trop rigoureux, ont prétendu que la tierce opposition n'avait pas de but utile ; que c'était une voie toute facultative que le législateur aurait pu ne pas créer.

Quelques autres, au contraire, ont prétendu qu'elle était indispensable, et que l'art. 1351 l'impliquait. D'après eux, toutes les fois qu'un tiers voudra s'assurer d'avance que tel jugement ne pourra lui être opposé, il devra se pourvoir par la tierce opposition, seul mode d'interpréter, d'expliquer ce jugement.

Ces deux opinions s'éloignent du véritable but de la tierce opposition. Aux derniers, nous répondrons qu'elle n'est pas un moyen d'interprétation, mais un moyen d'attaque. On ne veut pas faire expliquer le jugement, mais on veut le faire réformer ; voilà pourquoi le législateur a prescrit qu'un tribunal inférieur à celui qui l'avait rendu, ne pût jamais connaître de la tierce opposition. D'ailleurs, ne serait-ce pas bouleverser tous les principes que d'obliger ainsi celui à qui on pourrait présenter un jugement à prouver d'abord qu'il n'en est pas atteint, avant que celui qui peut s'en prévaloir eût même allégué ses prétentions.

Ce système ne peut être soutenu ; voyons si le premier est plus sûrement basé.

Si on l'admet, employer la tierce opposition, c'est s'exposer gratuitement à perdre ses juges naturels, se priver du bénéfice du rôle de dé-

fendeur, encourir enfin une amende et des dommages-intérêts (479),
alors qu'on pourrait se retrancher derrière l'art. 1351 , s'engager dans
une cause que l'on peut perdre, en définitive, alors qu'il suffirait d'attendre le demandeur, et de lui répondre : *Res inter alios judicata*.......

Mais si la tierce opposition peut n'être, en effet, que facultative en
certains cas ; si les tiers peuvent quelquefois attendre qu'on leur oppose
le jugement pour le repousser, n'en est-il pas d'autres où, sans la voie
de la tierce opposition, ils éprouveraient un préjudice irréparable en
restant ainsi dans le repos à l'abri de l'art. 1351 ? Supposons qu'il s'a-
gisse de choses mobilières. *Primus* a confié à *Secundus* un meuble, afin
que ce dernier le gardât à titre de dépôt. *Tertius* prétend en être le
propriétaire et le revendique ; *Secundus* est condamné, le meuble va
passer entre les mains de *Tertius*. Dans cette circonstance, *Primus* ne
peut-il pas éprouver un dommage irréparable par l'exécution du jugement? *Tertius* peut aliéner le meuble, et se trouver insolvable, quand
Primus, le vrai propriétaire, voudra le réclamer. Il est bien évident
que la tierce opposition seule, en arrêtant l'exécution du jugement,
pourra garantir *Primus* de cette perte inévitable.

Ce que nous supposons pour un meuble peut également avoir lieu
pour un immeuble. Celui à qui le jugement en aura accordé la pro-
priété, peut le détériorer et le faire diminuer sensiblement de valeur,
avant que le vrai propriétaire le réclame. Ici encore la tierce opposition
est, non seulement avantageuse, mais elle est nécessaire.

Selon nous, la tierce opposition est un moyen de faire réformer,
quelquefois en partie, quelquefois pour le tout, un jugement qui, nous
venons de le voir, peut préjudicier à ceux là même qui n'ont pas été
appelés en cause. Nous pensons que c'est la seule voie à prendre pour
paralyser l'effet d'un jugement ainsi rendu, quand celui qui l'a obtenu

avait actionné la personne qu'il devait actionner en effet, et qu'on n'a aucune faute à lui imputer.

Cette discussion suffit à établir l'esprit et l'utilité de la tierce opposition ; un mot seulement sur les questions de forme.

La tierce opposition peut, selon qu'elle est principale ou incidente, être portée devant des tribunaux différents; si elle est principale, c'est-à-dire introduite directement, elle est portée devant le tribunal qui a rendu la sentence attaquée.

Si elle est incidente, c'est-à-dire formée dans le courant d'une instance, par une partie à laquelle on oppose un jugement qu'elle ne veut accepter, et prétend faire réformer, elle doit être portée devant le tribunal saisi de la cause actuelle, s'il est égal ou supérieur à celui qui a rendu le jugement attaqué, sinon elle doit être formée devant ce dernier.

La tierce opposition incidente, portée devant le tribunal déjà saisi, est formée par requête, dans les autres cas par exploit.

Enfin, nous pensons que la tierce opposition peut être précédée d'une tentative en conciliation, car le défendeur peut reconnaître des droits qu'il ne soupçonnait pas, quand personne n'en prenait la défense.

IIᵉ PARTIE.

Différences principales entre la procédure ordinaire et la procédure devant les juges de paix (L. Iᵉʳ).

La procédure devant les juges de paix est toute exceptionnelle, comme la juridiction pour laquelle elle est tracée.

La loi, en créant ces *feseurs de paix*, entre dans l'esprit de cette vieille maxime, que : *Mauvais accommodement vaut mieux que bon procès.* Elle a voulu établir autant de conciliateurs que de juges proprement dits.

La loi, en instituant les juges de paix, s'est proposé le double but d'établir autant de conciliateurs que des juges proprement dits ; considéré sous le premier rapport, le juge de paix a une mission toute paternelle, son devoir est de faire entendre aux parties que la loi appelle devant lui, le langage de la raison, et d'arrêter par ses salutaires avis le plaideur prêt à s'engager dans une contestation ruineuse.

Sous le second point de vue, il est appelé à juger des différends d'un intérêt modique, ou d'une nature urgente ; nous avons à examiner la manière de procéder devant les juges de paix, pris comme juges, à mettre cette procédure en parallèle avec celle des tribunaux ordinaires et à en faire ressortir les différences principales :

Nous remarquerons d'abord que les attributions du juge de paix portant principalement sur les différends d'un intérêt modique, ou d'une nature urgente, le législateur a dû, autant que possible, simplifier les formes de la procédure, d'abord pour éviter des frais trop considérables eu égard à la valeur du litige, et en second lieu pour mettre le juge à même de rendre prompte justice ; d'ailleurs les contestations portées devant ce tribunal sont généralement peu compliquées, et la religion du juge peut être facilement éclairée.

La première différence que nous remarquons entre la procédure devant les juges de paix et les tribunaux ordinaires, est la dispense du préliminaire de conciliation pour les affaires qui ressortent de la juridiction des bureaux de paix ; le législateur a pensé avec raison que le magistrat ferait entendre la voix du conciliateur avant celle du juge : mais dans sa sollicitude à prévenir les procès, il a pensé que cette tentative de conciliation pourrait avoir d'heureux résultats, et c'est pour ce motif, qu'il oblige le demandeur, avant de former sa demande devant les tribunaux civils, à appeler son adversaire en conciliation.

Dans le but d'éviter des frais aux parties, la loi autorise les juges de paix à les appeler devant lui par un simple billet d'avis ; comme l'on n'est pas tenu de se rendre à cette invitation , elle permet la citation par huissier ; cette citation correspond à l'ajournement devant les tribunaux civils.

Le délai de la citation en conciliation , est de trois jours au moins , et celui de l'ajournement, de huitaine ; la loi exige pour la citation en conciliation et pour l'ajournement, un délai plus long que pour la citation devant le juge de paix ; cette différence a sa source dans cette idée, que les affaires portées devant les juges de paix comme conciliateurs , ou directement devant les tribunaux civils , sont beaucoup plus importantes que celles qui sont attribuées aux juges de paix pris comme juges.

La citation devant les juges de paix doit être , comme l'ajournement, notifiée par huissier ; celui-ci ne peut instrumenter pour ses parents en ligne directe, ni pour ses frères et sœurs et alliés au même degré ; cette prohibition est bien moins étendue devant la justice de paix que devant les tribunaux ordinaires, où il lui est interdit d'instrumenter pour ses parents, jusqu'au degré de cousin issu de germain.

Les parties se présentent au jour fixé, en personne et sans qu'il soit besoin d'intermédiaire ; en cas d'empêchement elles peuvent se faire représenter par un fondé de pouvoirs et sans qu'il leur soit permis de faire signifier aucune défense. Dans les tribunaux civils , la loi exige que les parties constituent avoués, et elles ne peuvent agir sans leur assistance dans tout le cours du procès ; les formes de la procédure sont trop compliquées pour qu'il leur soit permis de se présenter en justice , sans un conseil pour les guider ; tandis que pour les affaires du ressort du juge de paix, leur ministère est jugé inutile, à cause du peu d'importance et de la célérité des contestations.

Les parties intervenues, la cause est jugée sur-le-champ, ou à la première audience, si le juge ne se trouve pas suffisamment éclairé ou s'il a besoin de se faire remettre les pièces.

Les minutes du jugement doivent être portées par le greffier sur la feuille d'audience, et signées de lui ainsi que du juge qui a tenu l'audience; les termes de l'art. 18 étant beaucoup moins impérieux que ceux de l'art. 138, nous pensons que les signatures peuvent être apposées en tout temps, mais le greffier ne pourra jamais délivrer d'expédition avant que le juge n'ait signé le jugement.

En règle générale et sauf quelques rares exceptions, les jugements rendus par les tribunaux civils doivent être signifiés et expédiés; il n'en est pas de même de ceux des juges de paix; ceux qui ne sont point définitifs ne doivent pas être expédiés quand ils ont été rendus contradictoirement et prononcés en présence des parties.

Si un jugement ordonne une opération à laquelle les parties devraient assister, il doit indiquer le jour, le lieu et l'heure, et la prononciation en présence des parties vaut citation.

Dans les jugements rendus par défaut par les juges de paix, le délai pour faire opposition est de trois jours à dater de la signification; dans ceux rendus aussi par défaut, par les tribunaux civils; il est de huitaine, si c'est un jugement par défaut faute de conclure à partir du jour de la signification à l'avoué, et s'il s'agit d'un jugement par défaut faute de comparaître, l'opposition est recevable jusqu'à l'exécution du jugement.

Le délai pour appeler garant dans les affaires qui ressortent de la juridiction des juges de paix n'est point déterminé; il est abandonné à l'appréciation du juge qui le fixe en raison de la distance du garant. Dans les affaires portées devant les tribunaux civils, le délai est fixé par les art. 175 et 176.

La loi voulant accorder aux juges de paix la facilité de juger le plus promptement possible les différends dont ils connaissent, n'a soumis les enquêtes qui se font devant eux à aucune nullité ; les irrégularités commises n'ont pour effet que d'affaiblir pour les juges d'appel l'autorité des témoignages.

Ces enquêtes diffèrent sur plusieurs points de celles qui se font devant les tribunaux civils; il n'y a point de délai fatal pour commencer et terminer l'enquête.

Dans les enquêtes ordinaires, l'omission du serment est une cause de nullité; devant le juge de paix, cette omission n'emporte pas la nullité de la déposition, elle peut seulement en atténuer la force.

Lorsqu'il s'agit de constater l'état des lieux ou bien d'apprécier la valeur des indemnités ou dommages demandés dans le cas où ils sont appelés à juger, les juges de paix peuvent ordonner que le lieu sera visité par lui en présence des parties, à jour et heures fixés, et si l'objet de la visite exige des connaissances spéciales, ils ont la faculté d'ordonner que le lieu sera visité par les experts nommés à cet effet, et en leur présence.

Ils peuvent aussi juger sur les lieux, et si la cause est en dernier ressort, il ne sera pas nécessaire de dresser procès-verbal; si la cause est sujette à appel, il sera dressé un procès-verbal par le greffier qui le signera ainsi que le juge et les experts.

Les faux incidents civils et les vérifications doivent être jugés par les tribunaux civils; si donc, dans le cours d'une instance devant un juge de paix, une partie déclare s'inscrire en faux ou dénier l'écriture d'un acte, le juge suspendra son jugement et renverra les parties devant les tribunaux compétents.

Devant les tribunaux civils, le ministère public peut entrer comme partie intervenante, quand elle le juge à propos; certaines affaires doivent même lui être communiquées; dans les affaires de la compétence du juge de paix, il n'y a point lieu à l'intervention du ministère public, ni à communication.

Les règles du désistemeut sont applicables à la procédure à suivre devant les juges de paix; il en est autrement de la péremption. Dans le cas où un interlocutoire aurait été ordonné, la cause sera jugée définitivement au plus tard dans le délai de quatre mois, du jour du jugement interlocutoire; après ce délai, l'instance sera périmée de droit. Le jugement qui sera rendu sur le fond sera sujet à appel, même dans les matières dont le juge de paix connaît en dernier ressort.

Le juge sera passible de dommages-intérêts, si l'instance est périmée par sa faute.

DROIT CRIMINEL.

§ 1er.

Composition et attributions de la chambre du conseil.

Avant la publication de notre code d'instruction criminelle, le magistrat instructeur d'une affaire était aussi chargé d'en tirer des conclusions, et de décider si le prévenu devait ou non passer devant un jury d'accusation. Dans l'état présent de notre jurisprudence, les pièces rédigées par le juge d'instruction sont soumises au ministère public, lequel, sans assister au rapport, pose ses conclusions écrites devant un tribunal nommé chambre du conseil.

Cette chambre est composée de trois juges au plus, y compris le magistrat instructeur. Elle peut, si l'affaire n'est pas suffisamment éclaircie, demander un supplément d'instruction. Si au contraire la procédure est complète, la chambre du conseil peut rendre : 1° une ordonnance de non-lieu ; 2° une mise en mise en accusation devant le tribunal de simple police ; 3° ou en police correctionnelle ; 4° ou enfin devant la cour d'assises.

Examinons ces divers cas : l'ordonnance de non-lieu peut être rendue si la non-culpabilité est reconnue soit en droit, soit en fait. — En droit, lorsque l'acte, bien que réel et prouvé, n'est pas prévu par les lois pénales, lorsqu'il ne constitue ni un crime, ni un délit, ni une contravention. — Cette question doit tout d'abord occuper le conseil ; car si elle est résolue affirmativement, il n'y a plus lieu à passer outre, le reste devient indifférent.

Une haute responsabilité morale est imposée à la chambre, lorsqu'il s'agit d'apprécier la question de fait. Le prévenu est punissable, mais les charges qui pèsent sur lui sont-elles assez importantes pour faire décider sa mise en accusation ? La plus grande prudence est nécessaire, car on ne peut exiger des preuves complètes de culpabilité, le conseil n'ayant pas mission de condamner; il faut apprécier la gravité, la probabilité des indices, pour savoir si les poursuites doivent être continuées, et devant quelle juridiction.

S'il est rendu une ordonnance pure et simple de non-lieu, par la décision négative de la question soit de droit soit de fait, elle annulera les mandats de dépôt ou d'arrêt, et l'inculpé sera mis en liberté. Toutefois nous verrons (art. 135), que cette ordonnance de mise en liberté ne sera pas immédiatement exécutoire, étant soumise à un recours.

Interprétons ces mots de l'art. 128, *si les juges sont d'avis*, non par l'unanimité, mais par la seule majorité d'opinion.

Dans une autre hypothèse, l'ordonnance peut porter qu'il y a lieu à poursuivre pour contravention, délit ou crime.

S'agit-il d'une contravention, le prévenu sera mis en liberté (sauf le délai de 24 heures accordé au procureur impérial pour former opposition, art. 135), et renvoyé devant le tribunal de simple police. Ce dernier aurait pu être saisi directement par la partie civile ou le ministère public, de même que les tribunaux correctionnels, sans cette instruction préalable réservée aux crimes et quelquefois aux délits.

Si la chambre du conseil trouve dans le fait les caractères d'un délit, le prévenu est directement renvoyé devant le tribunal compétent

5

de police correctionnelle. On voit que l'art. 257, relatif à la composition des cours d'assises, ne trouve pas ici son application. Le prévenu reparaîtra souvent devant les mêmes juges qui auront prononcé son renvoi aux termes de l'art. 130. Peut-être une meilleure organisation est-elle à regretter pour ces tribunaux inférieurs, en songeant aux préventions que l'instruction préparatoire peut avoir laissées dans l'esprit des magistrats. On peut cependant alléguer la moindre importance des poursuites et le petit nombre des juges de police correctionnelle.

Le prévenu, dans notre hypothèse, se trouve le plus souvent en état d'arrestation, ou sous le coup d'un mandat d'arrêt ou de dépôt du juge d'instruction. Voici comment décident les art. 130, § 2 et 131.

La mise en liberté sera immédiate et sans qu'il soit nécessaire de fournir caution, quand le délit ne sera punissable que d'une amende. Il serait, en effet, absurde de retenir préventivement un individu que la condamnation même ne peut punir de la prison.

Au contraire la détention préventive continuera, si la nature du délit comporte l'emprisonnement. Toutefois, il peut se prévaloir des art. 113 et 114 et demander sa mise en liberté provisoire.

Si la mise en liberté est immédiate, on fixera au prévenu le jour de sa comparution devant le tribunal correctionnel, ou bien il sera tenu de se représenter quand il lui sera fait une citation spéciale.

Mais voici une hypothèse, dans laquelle le texte ne s'est pas formellement prononcé. Supposons que le juge d'instruction n'ait pas jugé nécessaire de faire arrêter l'individu contre lequel il informe, pour n'avoir pas assez bien apprécié la nature du délit, en ne le jugeant punissable que d'une amende. Vient ensuite la décision de la chambre du conseil, qui reconnaît aux faits assez de gravité pour qu'ils soient passibles d'emprisonnement, et justiciables du tribunal correctionnel.

A qui appartiendra-t-il de lancer ce mandat d'arrêt, sera-ce encore au juge d'instruction ? Non assurément, son rôle dans l'affaire est terminé après le rapport qu'il en a fait; il a, pour ainsi dire, disparu dans la personnalité de la chambre du conseil. Alors cette dernière pourra, et cela arrive quelquefois, décerner le mandat, ou bien dans son ordonnance de renvoi, donner qualité au juge d'instruction pour faire arrêter le prévenu.

Inutile de nous arrêter à l'art. 132 qui n'expose qu'une question de forme, la nécessité où est le procureur impérial, lors du renvoi en simple police ou en police correctionnelle, de renvoyer dans les 24 heures, et cotées, les pièces au greffe du tribunal compétent.

Arrivons maintenant aux circonstances qui motivent, de la part de la chambre du conseil, un renvoi devant la cour d'assises art. 133, 134. Nous avons tout d'abord l'occasion de justifier ce que nous disions (art. 128) sur la dissidence d'opinion des trois juges. Cette exception remarquable fait prévaloir l'avis plus sévère même de la minorité des juges, quand il s'agit d'un crime ou de graves présomptions d'un crime. Mais répétons-le, c'est ici une exception qui ne détruit en rien les règles générales que cette opinion de la majorité fléchissant devant celle plus dure du petit nombre. C'est l'intérêt du repos public qui est pris en considération dans la gravité du débat. Au surplus, on comprend cette rigueur, car il ne s'agit pas encore de condamner, mais bien d'obvier à l'erreur ou à la faiblesse des autres juges. Et encore, avant d'arriver jusques en cour d'assises, les pièces seront encore soumises à l'appréciation de la chambre des mises en accusation, qui en décidera souverainement.

Enfin, toujours dans le cas d'envoi devant la chambre des mises en accusation, le prévenu sera arrêté, s'il ne l'est déjà, ou bien un décret de prise de corps sera substitué aux mandats d'arrêt ou de dépôt. Dans la seconde espèce, rien ne change dans la position du prévenu ; il reste dans la maison d'arrêt, située près du tribunal qui a statué. C'est un moyen d'éviter des frais, et des chances possibles d'évasion. Les pièces de conviction réunies par le juge d'instruction et le procureur impérial ne sont pas envoyées au chef-lieu de la cour, pour en prévenir la perte. On envoie seulement :

1° Les pièces de l'instruction ;

2° Le procès-verbal qui constate le corps du délit ;

3° Le détail écrit des pièces de conviction.

§ 2.

Appel des décisions de la chambre du conseil.

Existe-t-il un recours contre les ordonnances de la chambre du conseil ? C'est là un point fort important que le législateur n'a réglementé que d'une façon fort incomplète. Des doutes graves s'élèvent sur la nature et la portée de l'ordonnance, et il n'en est parlé que dans un texte qui est loin de répondre à toutes les questions. Aussi ne peut-on que regretter qu'il soit si sobre de dispositions, dans une matière si grave, et que là où il devait trancher, il ait laissé une si grande prise au doute, et un si vaste champ à la controverse.

Ecoutons l'art. 135, et nous verrons ensuite si ce sont là les seuls moyens d'appel.

« Lorsque la mise en liberté des prévenus sera ordonnée, conformément aux art. 128, 129 et 131 ci-dessus, le procureur de la république ou la partie civile pourront s'opposer à leur élargissement. L'opposition devra être formée dans un délai de vingt-quatre heures, qui courra contre le procureur de la république, à dater du jour de l'ordonnance de la mise en liberté, et contre la partie civile, à dater du jour de la signification à elle faite de la dite ordonnance, au domicile par elle élu au lieu où siége le tribunal. L'envoi des pièces sera fait ainsi qu'il est dit à l'art. 132 : « Le prévenu gardera prison jusqu'après l'expiration du susdit délai. »

Ce texte accorde donc au procureur impérial et à la partie civile une voie de recours contre l'ordonnance de la chambre du conseil ; mais quelle est la nature de ce recours ? La loi nous dit que c'est une *opposition* ; mais il ne faut pas entendre ce mot dans le sens qu'il a ordinairement dans les lois civiles ou pénales, c'est-à-dire dans le sens d'une voie qui nous permet d'attaquer devant les juges mêmes qui l'ont rendue une décision prononcée en notre absence. L'opposition dont il est question ici est plutôt un appel, puisqu'elle est portée, non devant la chambre du conseil, mais devant la cour d'appel.

En renvoyant aux articles qu'il cite, l'art. 135 se réfère aux cas où l'élargissement a été prononcé :

1° Parce que le fait ne constitue ni un crime, ni un délit, ni une contravention ;

2° Parce que, bien que le fait constitue une de ces infractions, il ne s'élève pas contre le prévenu d'indices sérieux ;

3° Parce que le fait offre seulement les caractères d'une contravention ;

4° Parce que le fait, bien qu'il constitue un délit, n'est pas de nature à entraîner la peine de l'emprisonnement, mais bien de simples peines pécuniaires.

Dans toutes ces hypothèses, le ministère public et la partie civile ont le droit d'attaquer l'ordonnance, et pour cela ils ont l'un et l'autre un délai de vingt-quatre heures, délai qui a un point de départ différent pour chacun d'eux. En effet, le procureur de la république est à même de connaître l'arrêt immédiatement ; le délai peut donc sans inconvénient courir à son égard du jour où il est rendu. La partie civile, au contraire, ne pouvant en avoir connaissance que par la notification qui lui en est faite, au domicile élu, il eût été déraisonnable de faire courir contre elle le délai avant cette époque. Du reste, observons qu'il ne faut pas calculer heure par heure. Cela résulte des termes mêmes de la loi, qui porte : « *A dater du jour*, » de sorte que le ministère public et la partie civile peuvent se pourvoir pendant tout le lendemain du jour où l'ordonnance a été rendue, ou du jour où elle a été notifiée.

Conformément à l'art. 68, la partie civile qui ne demeure pas dans l'arrondissement du lieu où se fait l'instruction, est tenue d'y élire domicile ; si elle ne l'a pas fait, elle ne pourra pas se prévaloir du défaut de signification, et le délai courra à son égard à partir du jour où l'ordonnance aura été rendue. Si au contraire elle a son domicile dans l'arrondissement, il faut une notification à ce domicile réel, pour faire courir le délai.

Mais quelle doit être la forme de cette opposition ? En outre l'art. 135 est-il limitatif, de telle sorte que l'on ne puisse se pourvoir contre l'ordonnance que dans les cas qu'il a formellement prévus ? Voilà deux questions restées sans réponse.

Quant à la forme, nous pensons que l'opposition peut être introduite par une déclaration au greffe, et nous argumentons par analogie de l'art. 205 qui consacre ce mode pour appeler, et de l'art. 373 portant que le condamné qui veut former son pourvoi en cassation, doit le déclarer au greffe. Ce mode nous paraît d'autant plus admissible, que le délai de 24 heures est excessivement court. Toutefois, nous ne proscrivons pas l'opposition faite par exploit, par la raison seule que la loi n'ayant déterminé aucune forme, on ne doit en considérer aucune comme exclusive.

Pour la seconde question, la jurisprudence a consacré la négative. Le procureur de la république et la partie civile peuvent attaquer l'ordonnance, lorsque, par exemple, le prévenu n'était pas détenu ou lorsque, étant détenu, il a été renvoyé devant le tribunal de police correctionnelle, tandis que le ministère public et la partie civile prétendaient qu'il y avait lieu à rendre une *ordonnance de prise de corps.*

Comme l'ordonnance de la chambre du conseil réserve pleinement au prévenu ses moyens de défense, il ne saurait être admis à l'attaquer.

L'opposition du procureur de la république profite tout naturellement à la partie civile, et réciproquement.

Lorsque la partie civile succombe dans son opposition, elle doit être condamnée aux dommages-intérêts envers le prévenu, et cela alors même que celui-ci n'y a pas conclu. Cela résulte de ces mots impératifs : *sera condamnée.*

Si le ministère public et la partie civile laissent écouler les 24 heures sans former opposition, ils n'y sont plus recevables. Cette règle doit fléchir dans le cas où le prévenu ayant été mis en liberté faute d'indices suffisants, des preuves nouvelles viennent se manifester et faire soupçonner sa culpabilité. C'est au moins ce que nous pouvons conclure par extension de l'art. 246, au sujet de la chambre des mises en accusation. Une autre opinion, et c'est la jurisprudence de la cour de Cassation qui tient pour la négative, et les termes de l'art. 135. On peut dire néanmoins qu'ils ne sont pas prohibitifs et posent seulement une règle, laissant intacte la question de savoir si les ordonnances sont définitives en faveur du prévenu. Et de plus, aux termes de l'art. 250, le procureur général pourra, sans distinction de délai, se plaindre qu'on ait mal qualifié le fait, et provoquer des poursuites nouvelles. Enfin, d'après l'art. 235, les cours impériales, soit d'office, soit sur la réquisition du procureur général, peuvent ordonner des poursuites sur une instruction commencée par un tribunal d'arrondissement.

Cette thèse sera soutenue en séance publique, dans l'une des salles de la Faculté, le 21 mai 1855.

Vu par le Président de la thèse,

DELPECH.

Toulouse, imprimerie de BONNAL et GIBRAC, rue St-Rome, 46.

Typ. de Bonnal et Gibrac, rue St-Rome, 46.